세계 탐험 만화 역사상식 25

스위스에서 보물찾기

세계 탐험 만화 역사상식 25
스위스에서 보물찾기

글 곰돌이 co. | 그림 강경효 | 채색 정근봉, 윤소현 | 사진 Shutterstock, Timespace, Gettyimage, Wiki, 연합뉴스
찍은날 2010년 9월 15일 초판 1쇄 | 펴낸날 2010년 9월 20일 초판 1쇄
펴낸이 김영진 | 본부실장 황현숙 | 개발팀장 박현미 | 기획·편집 문영, 이영, 박소영, 이지웅, 이소영 | 디자인 박남희, 이유리, 박지연
마케팅 황선범, 천용호, 김위용, 최병화, 한정도, 김동명 | 홍보 황영아, 김정아, 박민수, 박정화 | 제작·관리 김경수, 송정훈, 오경신
펴낸곳 (주)미래엔 컬처그룹 서울시 서초구 잠원동 41-10   편집 02)3475-3920 마케팅 02)3475-3843~4 팩스 02)541-8249 | 홈페이지 http://www.i-seum.com
출판등록 1950년 11월 1일 제16-67호

ⓒ곰돌이 co.·강경효 2010
저작권자의 동의 없이 무단 복제 및 전재를 금합니다.
＊본 도서는 역사적 사실과 근거를 바탕으로 지은 픽션입니다.

ISBN 978-89-378-4825-4 77900
ISBN 978-89-378-1355-9 (세트)

이 도서의 국립중앙도서관 출판시도서목록(CIP)은 e-CIP 홈페이지(http://www.nl.go.kr/ecip)에서 이용하실 수 있습니다.
(CIP 제어번호 : CIP2010003232)

잘못된 책은 구입처에서 바꾸어 드립니다.
값은 뒤표지에 있습니다.

＊(주)미래엔 컬처그룹은 대한교과서주식회사의 새로운 이름입니다.

세계 탐험 만화 역사상식 25

스위스에서 보물찾기

글 곰돌이 co. | 그림 강경효

아이세움

펴내는 글

알프스의 소녀 하이디, 아름다운 빙하와 호수, 치즈와 초콜릿, 평화로운 전원에 울려 퍼지는 요들송 등, 스위스는 우리에게 풍요롭고 평화로운 지상 낙원의 이미지로 알려져 있습니다. 그러나 스위스의 풍요는 저절로 얻어진 것이 아닙니다. 국토의 대부분이 험준한 지형에 둘러싸인 데다 특별한 자원도 없던 스위스는 중세 시대까지만 해도 유럽에서 가장 가난한 나라에 속했습니다.

스위스가 지금과 같은 부를 쌓을 수 있었던 것은 다른 나라의 전쟁에 용병을 보내어 벌어들인 돈 때문이라고 해도 과언이 아닙니다. 평화의 나라 스위스가 다른 나라의 전쟁을 도와 돈을 벌었다는 게 모순처럼 느껴지기도 하지만, 스위스의 국민들은 위급 상황이 발생하면 언제든 실전에 나가 싸울 수 있을 정도로 평소에 철저한 훈련을 받고 있습니다. 스위스의 이런 강력한 군사력 뒤에는 지금의 이미지처럼 평화롭지만은 않았던 역사가 숨어 있습니다. 스위스는 유럽의 강대국들 사이에 끼어 있었기 때문에 기원전부터 여러 이민족의 침입을 받았고, 1291년 뤼틀리 평야의 동맹을 시작으로 자유를 향한 싸움을 계속해 왔습니다. 그리고 어렵게 얻은 자주독립을 지키기 위해 스스로를 무장하여 평화를 누려 온 것입니다.

건국 기념일을 맞이한 스위스의 수도, 베른에서는 축제 준비가 한창입니다.
하지만 행사에 필요한 뤼틀리 동맹 서약서가 누군가의 손에 고의로 뒤바뀌어
도착하는 사고가 일어납니다. 때마침 삼촌을 따라 베른에 도착한 팡이가
얼떨결에 이 사건을 맡게 되고, 여행 경비를 벌기 위해 혈안이 된 스위스 소녀
아네트와 함께 일주일 안에 보물을 찾아내겠다는 약속까지 하고 말지요.
다행히 범인들은 단서를 줄줄 흘리고 다니는 초보 악당이라 이번 사건은
은근히 간단해 보이기도 합니다. 하지만 보물찾기가 만만하기만 하다면
우리의 보물찾기 짱 팡이가 조금 심심하겠죠?
여러분도 팡이와 아네트, 말썽쟁이 악당들과 함께 스위스의 아름다운
자연 속으로 모험을 떠나 보세요!

2010년 9월

지은이 **곰돌이 co. · 강경효**

차례

제1장 할로, 봉주르, 챠오, 분디, 스위스!　10

팡이의 팡팡 역사상식 ❶ - 다양성의 나라, 스위스　22

제2장 네오나치스 삼총사　24

팡이의 팡팡 역사상식 ❷ - 스위스의 음식 문화　36

제3장 친절한 가이드　38

팡이의 팡팡 역사상식 ❸ - 스위스의 역사　52

제4장 뤼틀리 동맹 서약서　54

팡이의 팡팡 역사상식 ❹ - 스위스의 정치 문화　68

제5장 고문서 박물관의 악몽　70

팡이의 팡팡 역사상식 ❺ - 스위스의 생활 문화　84

제6장 수상한 포스터　86

팡이의 팡팡 역사상식 ❻ - 스위스의 국제 관계　104

제7장 너무 쉬운 단서 106

팡이의 팡팡 역사상식 ❼ - 스위스의 경제와 산업 120

제8장 게오르그의 슬픔 122

팡이의 팡팡 역사상식 ❽ - 스위스의 축제 138

제9장 알프스의 에델바이스 140

팡이의 팡팡 역사상식 ❾ - 스위스 속 알프스 152

제10장 네 개의 얼음 강이 만나는 곳 154

팡이의 팡팡 역사상식 ❿ - 스위스의 세계 유산 166

제11장 게오르그의 선물 168

등장인물 소개

지팡이
자타가 인정하는 보물찾기 짱. 맛있는 퐁뒤와 알프스의 스키를 꿈꾸며 스위스에 갔다가, 황당무계한 유물 도난 사건을 책임지게 된다. 넘치는 자신감으로 악당들을 얕본 탓에 스위스 관광(?)을 제대로 한다.

팡이가 생각하는 스위스의 보물
지역색이 풍부한 전통 음식과 축제.

팡이가 전하는 스위스 여행 팁
"여러 나라의 말이 들려서 정신이 없다고? 그럴 수밖에~. 스위스는 무려 네 개의 언어를 공용어로 사용하거든."

아네트
여행 경비를 마련하기 위해 돈이 되는 일이라면 무조건 뛰어드는 스위스 소녀. 스위스인답게 계산에 밝고 빙하 트래킹은 거의 선수급이다.

아네트가 생각하는 스위스의 보물
직접 민주주의와 스위스인들의 실용주의.

아네트가 전하는 스위스 여행 팁
"스위스의 행정 구역인 칸톤은 하나의 국가와 같아. 각 칸톤의 문화를 미리 공부하면 스위스에 대해 더 잘 알 수 있어."

게오르그
스위스 안의 외국인은 모두 쫓아 버려야 한다고 외치는 어린 네오나치스. 스위스의 독립 정신을 사랑하지만, 사랑이 지나친 나머지 철없는 범죄를 저지르고 만다.

게오르그가 생각하는 스위스의 보물
외세의 침략에도 꿋꿋이 중립을 지켜 낸 스위스 투쟁의 역사.

게오르그가 전하는 스위스 여행 팁
"흥, 우리 선조들이 피로 지켜 낸 자주독립의 역사도 모르고 스위스를 여행하겠다고?"

발터, 벤더

게오르그를 따라다니는 네오나치스.
게오르그가 세상에서 가장 멋진
사나이라고 믿고 있다.

발터와 벤더가 생각하는 스위스의 보물
스위스가 낳은 세계적 시인, 릴케.

발터와 벤더가 전하는 스위스 여행 팁
"유명한 작가나 예술가들이 머문 곳을 찾아가
그 향기를 만끽해 봐! 릴케의 시를 줄줄
읊는 우리 게오르그처럼~."

택시 기사 아저씨

체르마트에서 전기 자동차 택시를
운전하는 아저씨. 돈 계산만큼은
누구보다 확실히 한다.

아저씨가 생각하는 스위스의 보물
알프스 산맥의 아름다운 풍경.

아저씨가 전하는 스위스 여행 팁
"스위스인의 경제 개념은 철저하지.
스위스에서 공짜는 없단다, 하하하!"

모리츠, 바바라

고문서 박물관의 관장과 그의 부인.
뤼틀리 동맹 서약서가 뒤바뀐 것에
책임감을 느끼며 괴로워한다.

모리츠와 바바라가 생각하는 스위스의 보물
민병 제도를 바탕으로 한 튼튼한 국방.

모리츠와 바바라가 전하는 스위스 여행 팁
"거리에서 총을 들고 다니는 남자들을
보더라도 너무 놀라지 마라. 훈련을
받으러 가는 중일 테니까."

그 외 조연들

유네스코가 주최한 회의에서
주제 강의를 맡은 **지구본 교수**

베른 상공업자 길드 회장인
아네트의 아빠, **슈나이더**

독감에 걸린 이은주 조교와
병 수발에 지친 **도토리**

제1장
할로, 봉주르, 챠오, 분디, 스위스!

*할로, 봉주르, 챠오, 분디 분디 각각 스위스에서 사용되는 네 개의 공용어인 독일어, 프랑스어, 이탈리어, 로망슈어로 '안녕'이라는 뜻이다.

역사상식 ❶ 다양성의 나라, 스위스

스위스는 어떤 나라?

스위스의 공식 명칭은 라틴어로 헬베티카 연방(Confoederatio Helvetica)이며, 일반적으로는 스위스 연방(Swiss Confederation)이라고 표기합니다. 전체 면적 4만 1,277km²의 작은 국토가 북쪽은 독일, 서쪽은 프랑스, 남쪽은 이탈리아, 동쪽은 오스트리아와 리히텐슈타인 공화국에 국경을 맞대고 있습니다. 국토는 크게 세 지역으로 나누어집니다.

북서쪽에는 숲이 울창하고 농업과 임업이 발달한 쥐라 지대, 그 아래쪽으로 베른, 취리히 같은 대도시가 있어 산업이 발달하고 인구 밀도가 높은 중앙 지대, 그리고 국토의 반 이상은 대부분 높은 산과 얼음으로 덮여 있는 알프스 지대입니다. 스위스는 국토가 작지만 대서양과 동부 유럽 대륙, 지중해 기후 등의 영향을 받아 날씨의 변덕이 무척 심합니다. 특히 알프스 산맥을 넘어오는 고온 건조한 푄 바람은 알프스 북쪽에 급격한 온도 상승을 일으키기도 합니다.

정치 체제는 연방 민주제로 23개 주와 6개의 반주(3개 주)가 26개의 칸톤(주)을 이루며, 각 칸톤 정부는 완전한 자치권을 행사합니다. 종교는 16세기 초 종교 개혁을 일으켰던 츠빙글리와 칼뱅이 활동했던 무대답게, 총인구 760만 명(2010년 기준) 중 대다수가 기독교를 믿습니다. 가톨릭이 41.8%, 개신교가 35.3%를 차지하고, 그 밖에 4.3%의 이슬람 신자들도 있습니다.

1815년 빈 회의를 통해 영구 중립국으로 인정받았고, 지금까지 무장 중립국을 유지하고 있습니다. 아직 유럽 연합(EU)에 가입하지 않았기 때문에 공식 화폐는 스위스 프랑이지만, 호텔이나 상점, 레스토랑 등에서는 외국인을 대상으로 유로가 사용되기도 합니다.

다언어 국가, 스위스

스위스에는 다민족이 뒤섞여 살면서 주변 국가의 언어를 공용어로 사용해 왔기 때문에 자신들만의 언어가 따로 없습니다. 공식적으로 사용하는 언어만 해도 독일어와 프랑스어, 이탈리아어, 로망슈어 네 가지나 되며, 여기에 세계적인 관광지답게 영어도 많이 사용됩니다.

인구의 약 64%가 독일어를 사용하지만 스위스인이 사용하는 독일어는 표준 독일어와는 발음과 어휘 등이 달라 전혀 다른 언어처럼 느껴지기 때문에 '슈비처뒤치(스위스식 독일어)'라고 하여 따로 분류하기도 합니다. 또 인구의 약 20%가 사용하는 프랑스어는 프랑스인들에 비해 속도가 매우 느린 것이 특징입니다. 이탈리아어는 남부 티치노 주 주변에서 인구의 약 6%가 사용하며, 로망슈어는 그라우뷘덴 주의 극히 일부가 사용하는 옛 라틴어에 가까운 언어입니다. 다양한 언어가 자유롭게 사용되는 환경 때문에 스위스에는 적어도 두 개 이상의 언어를 구사할 수 있는 사람들이 많다고 합니다.

스위스와 우리나라의 관계

1953년 한국 전쟁이 끝난 후, 스위스는 중립국 감독 위원국으로 판문점에 대표단을 파견하면서 한반도의 평화 유지에 기여해 왔습니다. 1962년 우리나라와 외교 관계를 수립한 뒤 1974년에는 북한과도 정식 외교 관계를 수립했지만, 실리 추구 면에서 우리나라와의 교류에 더 비중을 두고 있습니다. 2006년에는 우리나라와 스위스 간의 자유무역협정(FTA)이 정식 발효되어 경제적으로 상호 의존하고 있습니다.

중립국 감독 위원회 한반도의 중립국 감독 위원회는 한국 전쟁 당시 전쟁에 참여하지 않은 스웨덴과 스위스가 주축을 이룬다.

역사상식 ❷ 스위스의 음식 문화

스위스의 대표 음식

스위스 사람들은 지역이나 가정마다 자신들의 입맛에 맞는 독특한 요리를 만들어 즐기는 것을 좋아하기 때문에, 스위스의 전통 음식은 지역에 따라 개성이 분명하게 드러나는 것이 특징입니다. 하지만 이 중에서도 공통적으로 세계인의 입맛을 사로잡은 대표 요리는 바로 치즈와 초콜릿, 퐁뒤입니다.

치즈

전통적인 낙농 국가인 스위스 사람들은 약 150종류의 치즈를 만들며 그 기술을 예술의 경지로 끌어올렸다고 평가되기도 합니다. 그만큼 스위스 치즈는 맛과 품질이 뛰어나며, 그중에서도 에멘탈 치즈, 그뤼예르 치즈, 아펜첼러 치즈 등이 세계인의 사랑을 받고 있습니다.

> 과거 치즈는 교회나 일꾼들 사이에서 화폐처럼 쓰이기도 했기 때문에,
> 치즈를 많이 쌓아둔 집은 부유한 집이라는 뜻이기도 해요.

⊙ 치즈의 종류

에멘탈 치즈 (Emmental)
스위스 치즈의 대명사로 중부 베른 주의 에멘탈에서 만들어진다. 겉은 연한 갈색을 띠지만 속은 밝은 노란색이며, 안에 구멍이 많은 것이 특징이다. 퐁뒤나 샌드위치, 파이에 많이 쓰인다.
©Shutterstock

그뤼예르 치즈 (Gruyère)
스위스 서부 프리부르 주의 그뤼예르에서 만들어지는 커다란 원형 모양의 치즈이다. 견과류 향기가 나며 요리 위에 올려 먹으면 자연스러운 풍미를 느낄 수 있다.
©Wiki

아펜첼러 치즈 (Appenzeller)
스위스 동부 아펜첼 지방에서 만들어진다. 숙성 과정에서 허브액이 우러난 물에 치즈를 씻어 내는 독특한 제조법 때문에, 다른 치즈에서는 맛볼 수 없는 특유의 매콤한 향이 있다.
©Shutterstock

테트 드 무안 (Tete de moine)
쥐라 산지의 생우유로 만들어지는 이 치즈의 이름에는 '수도승의 머리'라는 뜻이 있다. 지롤이라는 기구를 돌리면 아름다운 프릴 모양으로 잘려서 종종 파티용으로 사용된다.
©Shutterstock

초콜릿

스위스는 좋은 초콜릿을 만드는 최고의 생산국이자 국민들 모두 초콜릿을 즐기는 세계 최대의 초콜릿 소비국이기도 합니다. 이러한 스위스의 초콜릿 사랑은 초콜릿 제조 기술에 큰 공헌을 해 왔습니다. 1875년 스위스의 다니엘 페터는 초콜릿에 우유를 섞어 밀크 초콜릿을 개발하였고, 또 스위스인 로돌프 린트는 초콜릿 원료를 천천히 휘저어 녹이는 콘킹 기술을 개발해, 입안에서 부드럽게 녹는 크림 형태의 초콜릿을 만들어 냈습니다.

스위스의 초콜릿 상점 남녀노소 누구나 초콜릿을 즐기는 스위스의 초콜릿 소비량은 엄청나다고 한다.

퐁뒤

퐁뒤는 알프스의 추운 겨울 날씨 때문에 시작된 음식입니다. 산악 지역에 사는 사람들이 쌓인 눈 때문에 밖으로 나갈 수 없게 되자, 집 안에 남아 있는 와인으로 치즈를 녹여 딱딱한 빵을 적셔 먹은 것에서 오늘날의 퐁뒤가 시작되었다고 합니다. 지금은 오일 퐁뒤, 스톡 퐁뒤 등 만드는 사람의 취향에 따라 찍어 먹는 음식과 소스의 재료가 다양해져, 수십 가지의 퐁뒤가 개발되었습니다.

치즈 퐁뒤 꼬챙이에 끼워서 먹기 때문에 간혹 음식을 떨어뜨리는 실수를 하게 되는데, 오히려 이런 특징을 이용해 파티에서 이벤트처럼 즐기는 음식이 되었다.

제3장
친절한 가이드

역사상식 ❸ 스위스의 역사

스위스의 역사

선사 시대부터 신성 로마 제국까지

스위스 땅에 인류가 최초로 살기 시작한 것은 후기 구석기 시대로 추측되지만, 이 지역이 세상에 알려지게 된 것은 기원전 58년 로마인들이 침입하면서부터입니다. 스위스의 라틴어 표기인 헬베티아는 로마의 침략 당시 이 지역에 살고 있던 헬베티족에서 파생된 말로, 스위스 지역의 옛 이름이기도 합니다. 서기 4세기에는 게르만 민족의 대이동이 시작되며 스위스 서부에 부르군트족(프랑스어계), 동북부에 알라만족(독일어계), 남부에 랑고바르드족(이탈리아어계)이 자리를 잡았고, 원래 이곳에 살고 있던 켈트인(로망슈어계)들은 그라우뷘덴 지역으로 옮겨 가면서 다언어 국가의 바탕이 만들어집니다. 이후 6세기에는 유럽을 제패한 프랑크 왕국의 지배를 받았고, 10세기에는 신성 로마 제국의 일부가 되었습니다.

헬베티아라고 써 있는 스위스 우표
스위스 공식 명칭은 헬베티카 연방이며 스위스 우표에도 헬베티아라고 적혀 있다.

스위스 연방의 탄생

빌헬름 텔 이야기도 세 주의 동맹을 배경으로 한 전설이야.

알프스 산맥 근처의 산악 마을들은 신성 로마 제국의 황제 직할지로 자치권을 누리고 있었습니다. 그러나 오스트리아의 합스부르크가가 알프스 지역까지 세력을 확장하자 피어발터슈테터 호수 근처의 우리, 슈비츠, 운터발덴 3주는 합스부르크가의 압제에 맞서 1291년 뤼틀리에서 동맹을 결성합니다. 이것이 오늘날 스위스 연방의 기원이며, 스위스라는 나라 이름도 슈비츠 주에서 유래한 것입니다. 이후 동맹 가입국이 점차 늘어나며 스위스 군사들의 용맹은 더욱 높아졌고, 1499년에는 슈바벤 전쟁에서 신성 로마 제국의 황제 막시밀리안의 군대와 싸워 승리를 거두며 사실상 신성 로마 제국으로부터 독립을 얻습니다. 그리고 처음 3개 주에서 시작된 동맹의 가입국은 1513년 13개 주까지 늘어나게 됩니다.

종교 개혁

16세기 유럽에서 로마 가톨릭 교회에 반대하는 종교 개혁이 일어나자, 스위스의 동맹 13주 또한 구교와 신교로 나뉘어 심각하게 분열됩니다. 이러한 종교 문제로 유럽 전체가 갈라져 싸운 30년 전쟁에서 스위스는 처음으로 중립을 주장하며 강력한 군대로 국경 지대를 지켰고, 그 덕분에 전쟁의 피해를 입지 않고 번영의 기틀을 마련합니다. 그리하여 1648년 베스트팔렌 조약을 통해 신성 로마 제국으로부터 독립을 공식적으로 인정받습니다.

스위스의 종교 개혁자 츠빙글리.

영구 중립국 스위스

1798년, 나폴레옹이 이끄는 프랑스군은 스위스를 침략하여 동맹을 해체시키고 헬베티아 공화국을 수립합니다. 하지만 나폴레옹이 패전한 후, 1815년 유럽 열강들이 개최한 빈 회의에서 영구 중립을 인정받으며 22주로 구성된 스위스 연방이 성립하게 됩니다. 이후 두 차례의 세계 대전 때도 스위스는 굳건하게 중립을 지켰고, 중립국으로서 국제 사회의 인도주의적인 역할에 앞장서 왔습니다.
현재 스위스 제네바에는 여러 국제 기구가 설치되어 있으며, 1863년 스위스의 앙리 뒤낭이 설립한 국제 적십자사가 대표적인 기구입니다.

구호 활동 중인 적십자 단원들
국제 적십자는 스위스의 중립 정신이 드러난 대표적인 단체로, 전쟁이나 무력 충돌 등으로 도움이 필요한 곳에 인도주의의 손길을 보내고 있다.

역사상식 ④ 스위스의 정치 문화

스위스 연방과 민주주의

스위스 정치의 기본적인 가치관은 민주주의와 시장 경제입니다. 이것은 유럽의 다른 국가와 공유되어 온 것이지만, 여러 칸톤이 모여 이루어진 연방 국가 스위스는 다른 나라에서는 볼 수 없는 독특한 정치 문화를 형성하고 있습니다.

칸톤들의 모임, 스위스 연방

스위스는 험준한 산악 지대라는 지형적인 특징 때문에 역사적으로 국가 단위보다는 마을 중심으로 운영되는 소규모의 정치 체제가 발달하였습니다. 현재 스위스를 이루는 세 개의 행정 단위는 연방, 칸톤(Canton), 게마인데(Gemeinde)입니다. 가장 기초가 되는 단위인 게마인데는 '지방 자치 단체'나 '군'으로 해석되며, 전국에 약 2천 8백 개의 게마인데가 있습니다. 게마인데가 모여서 칸톤을 이루며 칸톤은 독자적인 헌법을 갖고 게마인데를 감독하는 '주'의 역할을 합니다. 26개의 칸톤이 모인 스위스의 연방 정부는 통신, 외교, 관세 같은 특정한 업무만 담당할 뿐 입법, 사법, 행정 등은 칸톤 정부가 독자적으로 운영합니다.

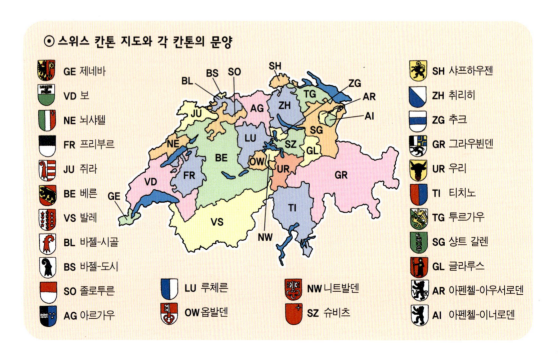

⊙ 스위스 칸톤 지도와 각 칸톤의 문양

GE 제네바	SH 샤프하우젠
VD 보	ZH 취리히
NE 뇌샤텔	ZG 추크
FR 프리부르	GR 그라우뷘덴
JU 쥐라	UR 우리
BE 베른	TI 티치노
VS 발레	TG 투르가우
BL 바젤-시골	SG 샹트 갈렌
BS 바젤-도시	GL 글라루스
SO 졸로투른	AR 아펜첼-아우서로덴
AG 아르가우	AI 아펜첼-이너로덴
LU 루체른	NW 니트발덴
OW 옵발덴	SZ 슈비츠

스위스 국민의 참정권

18세 이상의 스위스 국민들은 참정권을 행사합니다. 참정권은 선거, 국민 제안, 국민 투표, 청원 등 네 가지 형태로 행사됩니다.

이 중 국민 제안은 18개월 내에 10만 명 이상의 서명을 받으면 연방 헌법의 개정을 요구할 수 있는 제도로, 이렇게 올라온 제안은 국민 투표를 통해 시행 여부가 결정됩니다. 여기에 스위스의 모든 국민은 국가 기관에 손해 보상을 요청하거나, 규칙을 수정하도록 요구할 수 있는 청원의 권리도 갖고 있습니다.

스위스 국민들은 연간 5회 가량 각종 안건을 결정하는 국민 투표뿐 아니라 다양한 단위의 행정 담당자를 뽑는 선거까지 참여해야 해서, 선거와 국민 투표에 너무 많은 시간을 빼앗긴다고 불평을 하기도 합니다. 그래서인지 투표 참여율이 40% 정도에 불과하여, 최근에는 우편이나 인터넷 등 다양한 투표 방식을 시도해 국민들의 참여율을 높이려고 노력하고 있습니다.

글라루스 주의 란트슈게마인데 참정권을 가진 주민이 1년에 한 번 광장에 모여 의사를 결정하는 직접 민주 정치의 장이다.

스위스의 국가 원수

스위스에는 국정 전반을 관리하는 총리 같은 직책이 없습니다. 외무, 내무, 경제, 군사, 재정, 관세, 우편, 철도 등의 행정 부서를 담당하는 스위스의 내각은 서로 다른 주에서 선출된 일곱 명의 장관으로 이루어지며, 이들이 매년 교대로 연방 대통령에 취임합니다.

대통령이라고 해도 외국 귀빈을 접대하는 등의 대외 활동만 하는 데다가 해마다 바뀌기 때문에, 스위스 사람들은 자기 나라의 대통령이 누구인지 잘 모를 정도로 무관심하다고 합니다.

*드린딜(Drindl) 알프스 지방 여성들의 전통 의상. 앞치마가 있는 것이 특징이다.

역사상식 ❺ 스위스의 생활 문화

스위스의 민병 제도

스위스는 19세~30세 사이의 모든 남성들이 병역의 의무를 수행하는 민병 제도를 시행합니다. 직업 군인은 약 3천 5백 명 정도에 불과하지만, 전쟁이 일어나면 평소에는 자신의 본업에 종사하던 민병이 군인으로 나가 싸우는 것입니다. 그래서 군대나 전쟁과는 아무 상관 없는 은행원이나 농부, 선생님들도 언제든지 소집에 대응할 수 있도록 옷장에 군복을 걸어 두고, 방 한쪽에는 실탄과 총을 보관해 둡니다. 이를 위해 스위스 남성은 19세가 되면 18주간의 기본 훈련을 받고, 이후 10년간 계속해서 재훈련을 받아야 합니다. 대부분의 스위스인들은 조국의 전통이기도 한 민병제에 자부심을 갖고 있으며, 이 덕분에 스위스는 중립을 지키며 지난 5백 년 동안 전쟁의 상처를 겪지 않은 나라가 되었습니다.

1800년대 스위스 군인의 훈련 모습 스위스의 민병 제도는 '싸우면서 일한다'라는 전통적인 원칙을 엄격하게 계승하였다.

스위스의 외국인

스위스에 거주하는 외국인 비율은 전체 거주자의 20%를 넘고, 통계에 들어가지 않는 불법 체류자나 난민까지 합하면 10만 명이 넘는 것으로 추정되고 있습니다. 그만큼 외국인의 사회적 통합은 스위스의 시급한 문제이지만, 건국 이래 지켜 온 튼튼한 공동체 의식 때문인지 스위스는 외부인을 받아들이지 않는 배타적인 문화를 갖고 있어서 종종 지적을 받기도 합니다. 게마인데, 칸톤, 연방의 세 단계 심사를 통과해야만 귀화가 인정되는 까다로운 구조 때문에, 스위스는 국적을 취득하기 어려운 나라로 유명합니다. 또한 외국인의 수가 늘어나는 것을 위협적으로 느끼는 국민들은 외국인 노동자가 스위스에 들어오는 것을 반대하기도 하며, 외국인 범죄 증가에 대한 정책 요구는 국민 투표 발의안으로 반복해서 올라오는 이슈이기도 합니다. 하지만 외국인에 대한 이러한 감정적인 반응을 전체 스위스인의 문제로 볼 수는 없습니다. 연방 정부는 외국인과 스위스 국민이 조화롭게 어울릴 수 있는 현실적인 정책을 마련하고 있으며, 최근에는 사회, 경제, 정치 분야에서 외국인의 참여가 늘어나고 있는 추세입니다.

외국인 유입을 반대하는 포스터 스위스 국적에 손을 대는 다른 인종들을 위협적으로 표현한 것으로, 'OUI'는 'YES'를 뜻하는 프랑스어이다.

스위스의 준법정신

치밀하고 꼼꼼한 국민성으로 유명한 스위스인들은 남다른 준법정신으로도 잘 알려져 있습니다. 그래서인지 스위스는 다른 유럽 국가에 비해 범죄율이 낮고 치안이 안정적입니다. 법은 물론 작은 규칙이나 관습까지도 무척 중요하게 생각하여, 사소한 것까지 규칙을 만들어 지키기도 합니다. 각 칸톤마다 규범이 다르기는 하지만 이웃의 휴식을 방해하지 않기 위해 밤 10시 이후에는 창문 셔터를 소리 내어 내리지 못하게 하거나 심지어 목욕을 금지하는 곳도 있다고 합니다.

도로 교통법은 자동차 운전자뿐 아니라 행인이나 자전거를 타는 사람에게도 똑같이 엄격하게 적용되어, 속도위반을 한 자동차나 인도로 운행하는 자전거, 자전거 도로 위를 걷는 보행자에게는 무거운 벌금형이 선고됩니다. 경제범의 경우엔 경찰의 수사보다도 누군가의 신고로 잡히는 일이 더 많아, '스위스에는 7백만 명의 경찰이 있다'라고도 말합니다.

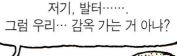

역사상식 ❻ 스위스의 국제 관계

중립과 평화의 나라, 스위스

스위스의 국제 관계를 말할 때 가장 많이 언급되는 말은 영구 중립국입니다. 현재 오스트리아와 코스타리카 등이 영구 중립을 인정받고 있긴 하지만, 스위스는 17세기부터 이미 중립을 선언해 왔고 가장 엄격하게 중립국의 위치를 유지하고 있다는 점에서 특별합니다. 스위스 국민들은 여러 차례의 위기 속에서도 이를 지켜 냈다는 데 큰 자부심을 갖고 있습니다.

영구 중립국, 스위스

빈 회의 나폴레옹이 물러난 이후 1815년에 열린 빈 회의에서 스위스는 공식적으로 영구 중립국임을 인정받는다.

프랑스, 독일, 오스트리아, 이탈리아에 둘러싸인 스위스는 지리적으로 강대국들의 전쟁에 휘말릴 수밖에 없는 조건이었습니다. 스위스가 중립을 선택한 것은 그러한 환경에서 힘들게 이룩한 자신들의 마을과 평화를 지키기 위한 것이었습니다.

스위스는 1618년, 온 유럽이 전쟁터로 변한 30년 전쟁에서 처음 중립을 선언하여 전쟁의 아픔을 피해 갔고, 이후 강력한 군사력을 키워 중립을 유지해 왔습니다. 그 덕분에 1870년의 프로이센-프랑스 전쟁과 1·2차 세계 대전 같은 국제적인 위기에서도 국토를 안전하게 지켜 냈고, 이후 이어진 냉전 시대에도 철저하게 중립국의 지위를 유지합니다. 이러한 오랜 중립국의 위치 덕분에 스위스는 전쟁 중 포로 교환이나 평화 회담을 위한 최적의 장소로 지목되어, 굵직한 협상에 장소를 제공하며 그에 따른 엄청난 경제적 이익도 얻고 있습니다.

국제 조직의 본부, 스위스

유럽의 중앙이라는 지리적 위치에 영구 중립이라는 국제적 지위까지 더해진 스위스에는 유엔 유럽 본부를 비롯한 수많은 국제 기구의 본부가 있습니다. 특히 국제 도시인 제네바는 국제 적십자 위원회(ICRC)본부와 국제 노동 기구(ILO), 세계 보건 기구(WHO), 국제 연합 아동 기금(UNICEF) 등 22개의 굵직한 국제 기구와 170여 개의 비정부 기구들이 몰려 있는 곳이기도 합니다.

팔레 데 나시옹 스위스 제네바에 있는 유엔 유럽 사무소의 이름으로, 각종 국제 회의가 열리는 곳이다.

또한 스위스는 유엔에 가입하기 전부터 평화 유지 활동에 적극적으로 참여해 왔습니다. 한국 전쟁 이후 중립국 감독 위원회 참여를 시작으로, 구 유고 지역과 팔레스타인, 이란, 이라크, 레바논 등 지구촌의 분쟁 지역에서 평화를 위한 다양한 활동을 지속하고 있습니다.

국제 연합(UN) 가입

제2차 세계 대전 후 국제 평화와 안전, 사회·경제·문화적 사안에 대한 국제 문제를 다루기 위해 만들어진 국제 연합은 현재 192개 국가가 회원으로 가입해 있는 세계 최대의 국제 조직입니다. 하지만 스위스는 유엔의 주요 기구들이 위치해 있는 나라임에도 불구하고, 2002년에야 유엔의 190번째 회원국으로 가입합니다. 바로 스위스의 민주주의와 영구 중립국이라는 지위 때문입니다.

스위스는 유엔 가입 문제에 대해 오랫동안 고민해 왔습니다. 하지만 나라의 중요 정책을 정하는 국민 투표에서는 다른 나라의 분쟁 상황에서 유엔의 다수결 정책에 밀려 스위스가 중립적인 태도를 지키지 못할 것을 우려하며, 이 문제에 대해 찬성과 반대 의견이 팽팽하게 대립을 계속했던 것입니다. 그리하여 결국 '유엔 회원국이 되어도 중립을 지속한다' 라는 조건이 받아들여진 뒤에야 유엔 회원국의 지위를 얻을 수 있게 되었습니다.

역사상식 ❼ 스위스의 경제와 산업

스위스의 경제

'스위스 은행가가 뛰어가면 반드시 그 뒤를 쫓아가라'는 농담이 있을 만큼 스위스인들의 경제 관념은 뛰어납니다. 하지만 세계적인 부자 나라인 스위스의 국민들은 기본적으로 검소하고 소박하며 아무리 돈이 많아도 다른 사람 앞에서 부를 과시하지 않는 것으로 유명합니다. 오늘날 스위스인들의 뛰어난 금융 감각은 근면과 성실을 기본으로 하는 청교도 정신에서 비롯되었다고 할 수 있습니다.

스위스 경제의 기반이 된 용병

중세와 근대 시기, 척박하고 황량한 땅에서 식량을 구하기도 어려웠던 스위스인이 외화를 벌어들이는 방법은 용병이 되는 것뿐이었습니다. 용병은 전쟁에서 정규군이 부족할 때 대신 돈을 받고 싸워 주는 군사를 말합니다.

당시 용병이라고 하면 스위스 용병을 떠올릴 만큼, 유럽 전역을 통틀어 스위스 군사의 용맹함은 널리 알려져 있었습니다. 이와 같은 용병의 활약은 전쟁이 일어날 때마다 자유롭게 스위스 용병을 쓰고자 했던 여러 강대국의 이익과도 맞물려, 오랜 세월 동안 주변 국가에 침략 당하지 않고 중립을 지킬 수 있는 이유가 되기도 했습니다.

여러 나라의 전쟁터에서 활약한 스위스 용병이 가지고 돌아온 상당한 액수의 외화는 스위스 발전의 밑거름이 되었고, 이후 면직물이나 시계 등의 제조업으로 스위스 경제는 발전하기 시작합니다.

바티칸의 스위스 근위대
로마 교황청의 경비 책임은 탁월한 충성심과 용기로 유명한 스위스 병사들이 맡고 있다.

농업과 제조업

농업은 산업 구조가 크게 바뀐 오늘날까지도 높은 생산력을 자랑하는 스위스의 대표적인 산업으로, 스위스는 농업의 50%를 자급하고 있습니다. 주요 작물은 밀, 보리, 감자, 사탕무, 사과, 포도 등이며, 치즈 같은 낙농 제품은 외국에 대량으로 수출됩니다. 제조업으로는 정밀함이 요구되는 기계 공업 분야 중에서도 정밀 기계, 금속 가공 기계, 전자 제품 등이 발달하였습니다.

특히 16세기 말 종교 박해를 피해 들어온 프랑스의 개신교도들에 의해 처음 전수된 스위스의 시계 산업은 우수한 품질을 인정받아 세계 시장을 석권하고 있습니다.

흔히 스위스 칼이라고도 불리는 다용도 주머니칼에서도 견고함과 기능을 중요하게 여기는 스위스인의 장인 정신을 엿볼 수 있습니다.

스위스의 시계
스위스의 시계는 수백 년의 역사와 철저한 품질 관리로 세계 최고의 시계라는 찬사를 받고 있다.

금융업

스위스인들은 돈에 대한 이야기 앞에서는 유난히 과묵하여, 급여나 세금에 관한 문제는 비밀스럽게 처리하는 경우가 많습니다. 이러한 스위스인의 특성이 잘 드러나는 분야가 스위스 은행입니다. 스위스 은행은 '비밀 엄수의 원칙'으로 유명한데, 스위스의 모든 은행원이나 과거에 은행원이었던 사람은 절대로 고객의 비밀을 누설해서는 안 된다는 규정을 지킨다고 합니다.

그러나 이러한 스위스 은행의 규정을 악용하여 정당하지 못한 경로로 부를 쌓은 사람들이 스위스 은행에 돈을 맡기는 경우가 많아서, 스위스 은행의 원칙은 유럽 연합에서 윤리적인 문제로 여러 번 논의가 되기도 했습니다.

제8장
게오르그의 슬픔

바젤 시청

게오르그…….

저게 다 뭐야?

에, 에델바이스! 언제 왔어?

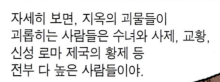

역사상식 ❽ 스위스의 축제

축제의 나라, 스위스

바젤의 파스나흐트

파스나흐트의 가장 행렬 한 해 동안 바젤에서 일어난 일들을 풍자적으로 패러디한 것이 가장 행렬의 소재가 된다.

축제의 이름 자체가 카니발을 뜻하는 바젤 지방의 파스나흐트는 스위스에서 가장 크고 인기 있는 축제입니다. 매년 2월~3월, 사순절이 시작되는 재의 수요일의 다음 주 월요일부터 사흘 동안 이어지는 이 축제는 각 요일마다 독특한 내용으로 진행됩니다. 월요일 새벽 4시가 되면 요란스러운 복장을 한 밴드가 파이프와 드럼을 연주하며 축제의 시작을 알립니다. 사람들은 과거 1년 동안의 일들을 슈니첼방이라는 노래로 만들어 부르고, 화요일에는 어린이들의 축제와 가면 쓴 음악가들의 노래가 울려 퍼집니다. 마지막 날인 수요일에 도시 전체를 가득 메운 거리 행렬로 축제가 마무리되기까지, 72시간의 축제 기간 동안 바젤의 곳곳은 음악과 사람들로 떠들썩해집니다.

취리히의 봄맞이 축제

4월 취리히에서 열리는 봄맞이 축제를 섹세로이텐(Sechselaeuten)이라고 합니다. 이는 '6시를 알리는 종소리' 란 뜻으로, 중세 시대에 노동 시간의 종료를 알리는 종소리에서 유래된 말입니다. 일요일 저녁 아이들의 행진으로 축제가 시작되어 다음 날인 월요일 오후 전통 옷을 입은 25개의 길드(중세 유럽의 노동자 조합) 회원들의 행진으로 이어집니다. 축제에서 가장 인기

뵈그 태우기 뵈그가 타는 동안 사람들은 그 주위를 맴돌며 따뜻한 봄을 기다린다.

있는 순서는 짚과 솜으로 만든 눈사람처럼 생긴 '뵈그'를 태우는 의식입니다. 동장군을 상징하는 뵈그가 타면 사람들은 기다리던 봄이 왔다는 뜻으로 받아들이며 기뻐합니다.

건국 기념일

건국 기념일 불꽃놀이 제네바 호수에서 축제를 알리는 불꽃놀이가 열리고 있다.

매년 8월 1일은 스위스의 건국 기념일로, 1291년 우리 주와 슈비츠 주, 운터발덴 주가 8월이 시작할 때 맺은 동맹에서 기인합니다. 작은 마을 단위로 건국을 축하하던 것에서 시작하여, 지금은 각 칸톤에서 자치적으로 축제를 열어 즐기고 있습니다. 이날은 건물마다 국기와 칸톤기, 지방기를 내걸고 밤에는 칸톤에 따라 불꽃놀이를 하기도 합니다.

제네바 축제

제네바에서는 12월 11일 전후에 축제가 열립니다. 이것은 1602년 12월 11일 밤 프랑스 사보이 공작의 침공을 제네바의 모든 시민이 함께 물리친 것을 기념하는 날입니다. 이때 한 여성이 담장을 기어오르는 사보이군의 머리에 뜨거운 수프를 부어, 그들을 물리쳤기 때문에 이 축제를 '벽 타기'라는 뜻의 에스깔라드(Escalade)라고 부르게 되었습니다.

이날 제네바 사람들은 전통 복장을 입고 거리를 행진하며, 승리를 기념하는 노래도 부릅니다. 가정에서는 아몬드 설탕 과자인 '마찌팬'이 채워진 초콜릿으로 가짜 냄비를 만든 뒤 부수어서, 신나게 먹는 풍습이 있습니다.

에스깔라드의 가장 행렬 당시의 모습을 재현한 전투 복장을 입은 사람들이 가장 행렬을 하고 있다.

역사상식 ❾ 스위스 속 알프스

유럽의 지붕, 알프스

알프스는 스위스뿐 아니라 프랑스와 오스트리아, 이탈리아에 걸쳐 있는 유럽의 지붕입니다. 최고봉은 프랑스와 이탈리아의 국경에 위치한 몽블랑이지만 알프스 하면 스위스가 가장 먼저 떠오르는 이유는, 국토의 절반 이상이 알프스 산맥으로 이루어진 스위스가 역사적으로 알프스의 영향을 가장 크게 받았기 때문일 것입니다.

역사 속의 알프스

유럽의 중심에 위치한 스위스는 역사적으로 교통의 요충지였습니다. 알프스 산맥을 넘나드는 길은 이탈리아와 독일을 연결하는 길이며 남유럽과 북유럽을 잇는 통로였기 때문에, 2천 년 전 로마인들은 알프스의 북쪽 지역을 지배하기 위해 알프스에 길을 개척했습니다. 그 이후에도 한니발의 군대와 아우구스투스, 훈족, 나폴레옹의 군사들까지 유럽의 정복자들은 로마인들이 만든 이 알프스 길을 오갔습니다. 그리고 제2차 세계 대전 때 히틀러 역시 알프스의 통로를 얻기 위해 중립국인 스위스를 침략할 계획을 세웁니다. 이때 히틀러가 유럽을 잇는 알프스 길을 욕심낸다는 것을 알아챈 앙리 기상 장군은 히틀러에게 강하게 맞서며, 만약 나치스가 스위스로 쳐들어오면 이탈리아로 통하는 알프스 산맥의 모든 터널과 도로를 폭파시키겠다고 선언합니다. 알프스의 통로가 없는 스위스는 아무런 소용이 없었기 때문에, 히틀러는 결국 스위스 침공을 포기하였고, 이것으로 스위스는 다시 한 번 전쟁의 소용돌이에서 중립을 지킬 수 있게 되었습니다.

앙리 기상 장군 제2차 세계 대전 당시, 일반 시민을 포함한 스위스 전투 병력을 총동원하여 국경 지대에 배치함으로써 독일의 공격에 대비하였다.

알프스의 자연 환경

50개가 넘는 알프스 산맥의 봉우리들은 평균 높이가 해발 2,500m를 넘습니다. 높이에 따라 다양한 식생이 분포하는데 550m 이하의 낮은 지대에는 밤나무, 삼나무, 무화과나무, 아몬드 나무 등이 서식하고, 1,200m 지대에는 떡갈나무, 너도밤나무, 참나무 등이 자랍니다. 1,700m 근방에는 소나무와 전나무가, 2,100m 부근에는 철쭉과 낙엽송이 분포합니다. 산악 지대에는 토끼, 오소리, 사슴, 영양, 수달 및 각종 조류들도 서식하고 있습니다.

알프스의 야생화 알프스의 고산 지대에서도 여름이면 스위스의 국화 에델바이스를 비롯한 다양한 야생화가 핀다.

스위스는 자연 보호가 철저하게 이루어지는 곳으로, 산악 지역에서 꽃을 따거나 나무를 꺾는 행위, 사냥, 낚시 등을 엄격하게 금지하여 알프스의 환경을 자연 그대로의 상태로 보존하고 있습니다.

알프스와 관광 산업

알프스 지역은 산과 호수, 빙하 등 위대한 자연의 볼거리가 몰려 있는 곳으로 스위스의 중요한 관광 자원이기도 합니다. 알프스를 찾은 관광객들은 세계에서 가장 긴 5만km의 알프스 하이킹 코스를 이용할 수 있으며, 산악 교통이 발달되어 있어서 철로를 통해 알프스의 산과 계곡, 들판을 만날 수 있습니다.

눈과 얼음으로 덮인 세계를 감상하는 알프스 전망대는 스위스 관광의 백미로, 전 세계에서 수많은 관광객을 끌어모으고 있습니다.

알프스에서 하이킹을 즐기는 관광객들.

역사상식 ❿ 스위스의 세계 유산

유네스코 선정 스위스의 세계 유산

세인트 갤 수도원(Convent of St. Gall : 문화, 1983년 지정)

세인트 갤 수도원은 612년, 수도사 길스가 세운 작은 암자에서 시작해 8세기부터 수도원 건물로 사용되었습니다. 15만 권의 장서가 보관되어 있는 도서관은 수도원 최대의 명소로, 초기 설계 도면과 음악, 문학, 미술, 철학, 의학 전반에 걸친 8세기~12세기의 사본, 구텐베르크 시대의 각종 희귀 인쇄본까지 보관되어 있습니다. 소장품뿐만 아니라 천장의 화려한 프레스코화와 우아한 곡선의 목조 책장으로도 예술적 가치를 인정받고 있습니다.

세인트 갤 수도원의 도서관 방대한 양의 장서뿐 아니라 로코코 양식으로 꾸며진 아름다운 도서관으로도 유명하다.

뮈스테어의 성 요한 베네딕토회 수도원
(Benedictine Convent of St. John at Müstair : 문화, 1983년 지정)

8세기, 프랑크 왕국 샤를마뉴 대제의 명으로 이탈리아 국경과 가까운 작은 마을 뮈스테어에 건설되었습니다. 건설 당시에는 남자 수도원이었지만 12세기부터는 여자 수도원으로 사용되었고, 지금도 많은 수도자들이 생활하고 있습니다. 건물 내부의 아름다운 프레스코 벽화가 유명한데, 이것들은 대부분 9세기~12세기의 작품으로 구약 성경과 예수의 생애를 그린 것들입니다.

뮈스테어 수도원 내부의 화려한 프레스코화와 달리 수도원의 겉모습은 매우 소박하다.

베른 구시가지 (Old City of Berne : 문화, 1983년 지정)

스위스 연방의 수도이자 베른 주의 주도 베른은 '곰의 도시'라는 뜻입니다. 1191년 베르히톨트 5세 공작에 의해 도시가 만들어졌으며, 중세 시대부터 이어져 내려온 잔잔한 일상이 거리 곳곳에 남아 있습니다. 곰 공원과 마르크트(시장) 거리, 11개의 분수 등이 베른의 대표적인 볼거리입니다.

베른 구시가지 U자 형으로 굽이치는 아르 강에 둘러싸여 있는 구시가지엔 15~18세기의 건축물이 고스란히 남아 있다.

알프스 융프라우 및 인근 지역 (Swiss Alps Jungfrau-Aletsch : 자연, 2001년 지정)

융프라우 '젊은 처녀'라는 뜻으로 만년설과 구름에 둘러싸여 모습을 잘 드러내지 않아서 붙여진 이름이다.

알프스의 전망대 중에서도 가장 인기가 좋은 융프라우요흐 전망대 남쪽 일대로, 뛰어난 자연 경관을 자랑합니다. 특히 이곳은 알프스의 높은 산맥과 유라시아에서 가장 넓은 빙하의 형성에 관한 비밀을 풀어 주는 열쇠이며, 빙하가 녹으며 드러나는 생태계 연구로도 그 가치를 인정받아 2001년에 유네스코 자연 유산에 등재되었습니다.

라보, 포도원 테라스 (Lavaux, Vineyard Terraces : 자연, 2007년 지정)

스위스 남동쪽의 로잔과 브베-몽트뢰 사이의 레만 호수 근처에 있는 아름다운 포도밭으로 11세기부터 재배가 시작되었다고 합니다. 밤에도 따뜻한 기온을 유지하기 위해 쌓은 돌담 등 좋은 와인을 생산하기 위한 주민들의 노력이 잘 드러나는 곳입니다.

라보 포도원 테라스 햇빛을 잘 받을 뿐 아니라, 알프스 산맥이 찬 바람을 막아 주고 호수가 적절한 습도를 유지해 주어 포도 재배에 적합한 자연적 조건을 갖추었다.

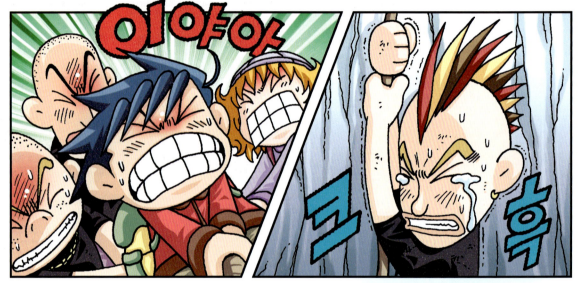

건국 기념일

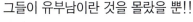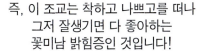

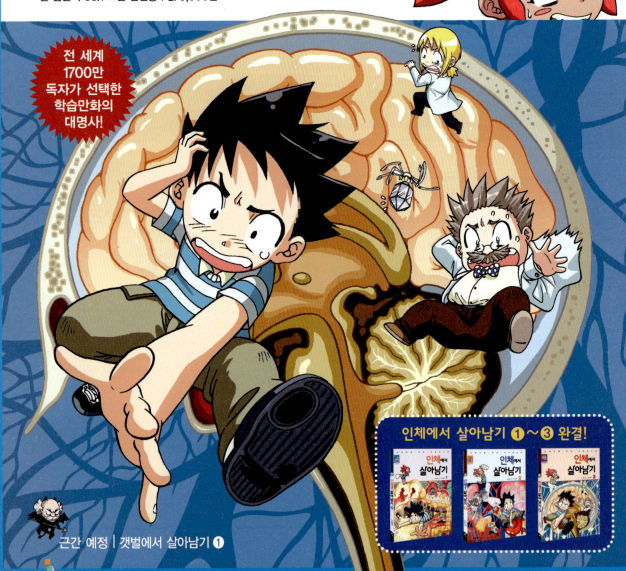

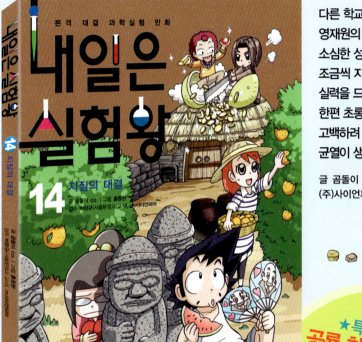

만화 | 판타지 | 생물계 | 대모험

호머 사이언스
Homer Science

마왕의 비늘 4

이렇게 친구들을 잃을 순 없어!
내가 할 수 있는 모든 힘을 써서라도 돕고 싶어!

사바나 초원의 폭군, 하마 왕에게 붙잡힌 호머와 전사들!
늑대 카요테는 알 수 없는 이유로 마법을 쓸 수 없게 되고,
고양이 마밍은 마왕의 비늘을 이용하는 하마 왕의 마법에 넘어가
하이에나의 먹이가 될 운명에 처하고 맙니다.
호머와 친구들은 이 위험천만한 상황을 벗어날 수 있을까요?

글 곰돌이 co. | 그림 김신중 | 값 9,500원

근간 예정 | 호머 사이언스 ❺ 초원의 지배자

특별 부록
〈호머 사이언스 4〉
사바나 초원 생태 지도

75cm×50cm
초대형 사이즈

호머 사이언스 ❶~❸
절찬 판매 중!!

호머와 동식물 친구들의 정보가 담긴 사바나 초원의
생태 지도와 함께 신나는 모험을 떠나 보세요!

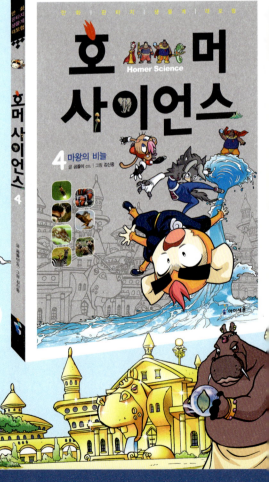

아이세움 www.i-seum.com 서울특별시 서초구 잠원동 41-10 전화 02) 3475-3846~7 팩스 02) 541-8249 (주) 미래엔 컬처그룹